LIVRE
D'ALPHABET
ET
D'ÉPELLATION

A L'USAGE DES ÉCOLES PRIMAIRES,

PAR L'AUTEUR DU

MANUEL DES INSTITUTEURS.

A BAR-SUR-AUBE,

Chez MILLOT-PIERRET, ÉDITEUR.

—

1829.

I.er ALPHABET.

A B C D
E F G H I J
K L M N O
P Q R S T U
V X Y Z.

II.e ALPHABET.

a b c d e f g h i j
k l m n o p q r s
t u v x y z.
æ œ é è b d h p q

VOYELLES.

a e i o u *et* y.

CONSONNES.

b c d f g h j k l m n p q r s t v x z.

SYLLABES.

il, ga, ce, gi, se, jo, ci, ha, en, zo, xu, pas, sur, ont, eux, œil, mon, toi, me, leur, sont, pour, dieu, tronc tours, mê-me, pè-re bon-té, pro-cès, sou, fou-dre, gla-ner, climat, fai-tes, dit, mix-tion, ba-teau, paon, chan-ter, ha-zar-der, ca-ril-lon, as-sem-blée, pa-ren-thè-se, spi-ri-tu-el-le, trop, at-ten-dris-se-ment, dé-sa-vou-er, à, man-gè-rent, pro-por-tion-né-ment, né-an-moins, phi-lo-so-phi-que-ment.

PRIÈRES.

Au nom du Pè-re, et du Fils, et du Saint-Es-prit. Ain-si soit-il.

No-tre pè-re qui ê-tes dans les cieux,

Que votre nom soit sanc-ti-fié ;

Que vo-tre rè-gne ar-ri-ve ;

Que vo-tre vo-lon-té soit fai-te en la ter-re com-me au ciel:

Don-nez-nous au-jour-d'hui no-tre pain de cha-que jour ;

Et par-don-nez-nous nos of-fen-ses, com-me nous par-don-nons à ceux qui nous ont of-fen-sés.

Et ne nous lais-sez point suc-com-ber à la ten-ta-tion ;

Mais dé-li-vrez-nous du mal.

Ain-si soit-il.

Je vous sa-lue, Ma-rie, plei-ne de grâ-ces,

Le Sei-gneur est a-vec vous ;

Vous ê-tes bé-nie en-tre tou-tes les fem-mes,

Et Jé-sus le fruit de vos en-trail-les est bé-ni.

Sain-te Ma-rie, mè-re de Dieu, pri-ez pour nous pau-vres pé-cheurs,

Main-te-nant et à l'heu-re de no-tre mort. Ain-si soit-il.

Je crois en Dieu le Pè-re tout-puis-sant cré-a-teur du ciel et de la ter-re ;

Et en Jé-sus-Christ son fils u-ni-que, no-tre Sei-gneur ;

Qui a é-té con-çu du Saint-Es-prit, est né de la vier ge Ma-rie.

Qui a souf-fert sous Pon-ce Pi-la-te, a é-té cru-ci-fié, est mort, a é-té en-se-ve-li ;

Qui est des-cen-du aux en-fers, et le troi-siè-me jour est res-sus-ci-té des morts ;

Qui est mon-té aux cieux, qui est as-sis à la droi-te de Dieu le Pè-re tout-puis-sant ;

Et qui de-là vien-dra ju-ger

les vi-vans et les morts.

Je crois au Saint-Es-prit,

La sain-te E-gli-se Ca-tho-li-que, la Com-mu-nion des Saints,

La Ré-mis-sion des pé-chés,

La Ré-sur-rec-tion de la chair,

La vie é-ter-nel-le. Ain-si soit-il.

Je me con-fes-se à Dieu tout-puis-sant,

A la bien-heu-reu-se Ma-rie tou-jours Vier-ge,

A Saint Mi-chel, ar-chan-ge, à saint Jean-Bap-tis-te,

Aux A-pô-tres saint Pier-re et saint Paul,

A tous les Saints, et à vous, mon Pè-re,

De tant de pé-chés que j'ai com-mis par pen-sées, par pa-ro-les et par ac-ti-ons ;

J'en suis cou-pa-ble, c'est ma fau-te et ma très gran-de fau-te.

C'est pour-quoi je sup-plie la bien-heu-reu-se Ma-rie tou-jours vier-ge,

Saint Mi-chel ar-chan-ge, saint Jean-Bap-tis-te,

Les a-pô-tres saint Pier-re, saint Paul,

Tous les Saints, et vous, mon Pè-re,

De pri-er pour moi le Sei-gneur no-tre Dieu.

℣. Que Dieu tout-puis-sant ait pi-tié de nous, et qu'a-près nous a-voir par-don-né nos pé-chés,

Il nous con-dui-se à la vie é-ter-nel-le. Ain-si soit-il.

† Que le Sei-gneur tout-puis-sant et mi-sé-ri-cor-dieux nous ac-cor-de le par-don, l'ab-so-lu-tion et la ré-mis-sion de nos pé-chés. Ain-si soit-il.

Vier-ge sain-te, mon bon an-ge et mon saint Pa-tron, in-ter-cé-dez pour moi.

Sei-gneur, sau-vez le Roi, et bé-nis-sez sa fa-mil-le :

Ré-pan-dez vos grâ-ces sur mes pa-rens, mes bien-fai-teurs, mes a-mis et mes en-ne-mis :

Et fai-tes que les â-mes des fi-dè-les qui sont morts re-po-sent en paix. Ain-si soit-il.

Au nom du Pè-re et du Fils et du Saint-Es-prit. Ain-si soit-il.

COMMANDEMENS DE DIEU.

1. Un seul Dieu tu a-do-re-ras,
Et ai-me-ras par-fai-te-ment.

11. Dieu en vain tu ne ju-re-ras,

Ni au-tre cho-se pa-reil-le-ment.

111. Les di-man-ches tu gar-de-ras,

En ser-vant Dieu dé-vo-te-ment.

iv. Tes pè-re et mè-re ho-no-re-ras,

A-fin de vi-vre lon-gue-ment.

v. Ho-mi-ci-de point ne se-ras,

De fait ni vo-lon-tai-re-ment.

vi. Lu-xu-rieux point ne se-ras,

De corps ni de con-sen-te-ment.

VII. Le bien d'au-trui tu ne pren-dras,
Ni re-tien-dras à ton es-cient.

VIII. Faux té-moi-gna-ge ne di-ras,
Ni men-ti-ras au-cu-ne-ment.

IX. L'œu-vre de chair ne dé-si-re-ras,
Qu'en ma-ria-ge seu-le-ment.

X. Les biens d'au-trui ne con-voi-te-ras,
Pour les a-voir in-jus-te-ment.

COMMANDEMENS DE L'ÉGLISE.

1. Les di-man-ches Mes-se en-ten-dras,
Et fê-tes de com-man-de-ment.
11. Les fê-tes tu sanc-ti-fie-ras,
Com-man-dées ex-pres-sé-ment.
111. Tous tes pé-chés con-fes-se-ras,
A tout le moins u-ne fois l'an,
iv. Ton cré-a-teur tu re-ce-vras,
Au moins à Pâ-ques hum-ble-ment.

v. Qua tre-Temps, Vi-gi-les
jeû-ne-ras,
Et le ca-rê-me en-tiè-re-
ment.
vi. Ven-dre-di chair ne man-
ge-ras,
Ni le sa-me-di mê-me-ment.

LOI DE DIEU.

i. Dieu ton sou-ve-rain ai-
me-ras,
De tout ton cœur par-fai-te-
ment.
ii. Et ton pro-chain ché-ri-
ras,
Com-me toi-mê-me é-ga-le-
ment.

ACTES
DE FOI, D'ESPÉRANCE, DE CHARITÉ ET DE CONTRITION.

Je crois, ô mon Dieu, tout ce que croit l'E-gli-se ca-tho-li-que ; for-ti-fiez ma foi. J'ai mis en vous mon es-pé ran-ce, je ne se-rai point con-fon-du.

Je vous ai-me de tout mon cœur, vous ê-tes mon sou-ve-rain bien ; et j'ai-me mon pro-chain com-me moi-mê-me.

Je dé-tes-te le pé-ché pour l'a-mour de vous, et je vous de-man-de la grâ-ce de n'y point re-tom-ber pen-dant ce jour.

PRIÈRE AVANT LE REPAS.

℣. Bé-nis-sez.

℟. Que ce soit le Sei-gneur.

℣. Que la main de Jé-sus-Christ nous bé-nis-se et la nour-ri-tu-re que nous al-lons pren-dre.

✝ Au nom du Pè-re, et du Fils et du Saint-Es-prit.

℟. Ain-si soit-il.

PRIÈRE APRÈS LE REPAS.

Nous vous ren-dons grâ-ces pour tous vos bien-faits. ô Dieu tout-puis-sant, qui vi-vez et ré-gnez dans tous les siè-cles des siè-cles.

℟. Ain-si soit-il.

℣. Bé-nis-sons le Sei-gneur.

℟. Nous ren-dons grâ-ces à Dieu.

℣. Heu-reu-ses les en-trail-les de la vier-ge Ma-rie.

℟. Qui ont por-té le Fils du Pè-re é-ter-nel.

℣. Que les â-mes des fi-dè-les re-po-sent en paix par la mi-sé-ri-cor-de de Dieu.

℟. Ain-si soit-il.

L'ANGELUS.

L'an-ge du Sei-gneur a an-non-cé à Ma-rie le mys-tè-re de l'In-car-na-tion; et el-le a con-çu par la ver-tu du saint-Es-prit.

Je vous sa-lue, Ma-rie, etc.

Voi-ci la ser-van-te du Sei-gneur ; que la pa-ro-le de Dieu que vous m'an-non-cez, soit ac-com-plie en moi.

Je vous sa-lue, Ma-rie, etc.

Et le ver-be a é-té fait chair, et il a ha-bi-té par-mi nous.

Je vous sa-lue, Ma-rie, etc.

PRI-ONS.

Ré-pan-dez, s'il vous plaît, Sei-gneur, vo-tre grâ-ce dans nos es-prits, a-fin qu'ay-ant con-nu, par la voix de l'an-ge, l'In-car-na-tion de Jé-sus-Christ vo-tre fils, nous ar-ri-vions par sa pas-sion et par sa croix, à la gloi-re de sa ré-sur-rec-tion ; par le même Jé-sus-Christ no-tre Sei-gneur.

℞. Ain-si soit-il.

RÈGLES DE CONDUITE.

I.

Nous de-vons prier Dieu, cha-que jour, le ma-tin et le soir, pour le re-mer-cier de ses bien-faits, et pour lui de-man-der les grâ-ces dont nous a-vons be-soin.

II.

L'en-fant sa-ge ho-no-re son Pè-re et sa mè-re com-me les i-ma-ges de Dieu sur la ter-re.

III.

Il sait qu'il leur doit res-pect, a-mour et o-bé-is-san-ce.

IV.

Il é-cou-te leurs re-mon-tran-ces sans mur-mu-rer; et su-bit les pu-ni-tions qu'ils lui im-po-sent a-vec ré-si-gna-tion.

V.

Il ai-me ses frè-res et sœurs, sup-por-te leurs dé-fauts, et ne cher-che point à leur ra-vir l'af-fec-tion de leurs pa-rens, lors mê-me qu'el-le ne se-rait pas mé-ri-tée.

VI.

Les en-fans doi-vent res-pec-ter le maî-tre qui con-sa-cre sa vie à leur ins-truc-tion.

VII.

Sans l'as-si-dui-té aux é-co-les, il est im-pos-si-ble de rien ap-pren-dre. L'en-fant stu-dieux se ren-dra donc tou-jours à l'heu-re fi-xée pour la clas-se, et ne cher-che-ra ja-mais d'ex-cu-ses pour s'en dis-pen-ser.

VIII.

Il tâ-che-ra de met-tre à pro-fit tout le temps de la clas-se, sans cau-ser ni jou-er a-vec ses ca-ma-ra-des.

IX.

Il ne fe-ra ja-mais con-tre ces der-niers au-cuns rap-ports, lors mê-me qu'ils de-vraient lui é-vi-ter u-ne pu-ni-tion.

X.

L'en-fant qui s'ex-cu-se par un men-son-ge a-git con-tre ses in-té-rêts; car la vé-ri-té se dé-cou-vre tou-jours; et l'on ne croit plus ce-lui qui est re-con-nu pour ê-tre un men-teur.

XI.

On ne doit ja-mais se per-met-tre d'in-ju-rier ou de frap-per ses ca-ma-ra-des. S'ils vous font u-ne of-fen-se, vous de-vez op-po-ser la dou-ceur à leur em-por-te-ment, et les fuir, s'ils con-tinuent à vous mal-trai-ter.

XII.

As-sis-ter aux of-fi-ces les jours de di-man-che et de fê-te est un de-voir que tout chré-tien doit rem-plir. L'en-fant n'y man-que-ra donc pas, à moins qu'il ne soit re-te-nu chez ses pa-rens pour cau-se de ma-la-die.

XIII.

Les suc-cès qu'un en-fant ob-tient ne doi-vent pas lui ins-pi-rer d'or-gueil. Qu'il é-vi-te sur-tout de cher-cher à hu-mi-lier ses ca-ma-ra-des moins heu-reux que lui. Il doit au con-trai-re tâ-cher de les con-so-ler en leur fai-sant es-pé-rer qu'ils par-vien-dront fa-ci-le-ment à le sur-pas-ser.

XIV.

Un de vos con-dis-ci-ples ob-tient-il u-ne ré-com-pen-se ; au lieu de vous li-vrer à l'en-vie, tra-vail-lez a-vec u-ne nou-vel-le ar-deur ; et bien-tôt le suc-cès vien-dra cou-ron-ner vos ef-forts.

XV.

La pa-res-se est la plus gran-de en-ne-mie des en-fans. S'ils ne cher-chaient pas à la vain-cre, el-le fe-rait le mal-heur de leur vie. Com-bien ils sont in-sen-sés, lors-qu'ils se plai-gnent de ceux qui les for-cent à tra-vail-ler! Ils ac-cu-sent leurs maî-tres de sé-vé-ri-té, tan-dis qu'ils de-vraient les re-mer-cier de les a-voir sous-traits aux pé-rils, sui-te né-ces-sai-re de leur pa-res-se.

XVI.

Les en-fans bien é-le-vés res-pec-tent la vieil-les-se, et ne se per-met-tent ja-mais de se mo-quer de ceux qui sont â-gés, quels que soient d'ail-leurs leurs ri-di-cu-les ou leurs dé-fauts.

XVII.

L'en-fant qui se per-met de pren-dre ce qui ne lui ap-par-tient pas, com-met u-ne ac-tion bas-se qu'on ne sau-rait pu-nir trop sé-vè-re-ment. Il se ver-rait a-vec pei-ne en-le-ver ce que ses pa-rens lui ont don-né ; il doit donc ap-pren-dre à res-pec-ter la pro-pri-é-té des au-tres.

XVIII.

Vous ne de-vez ja-mais rail-ler vos ca-ma-ra-des à cau-se des dé-fauts cor-po-rels que vous au-riez re-mar-qués chez eux. Un ac-ci-dent peut vous ren-dre plus dif-for-me qu'eux ; et cer-tes vous ne sup-por-te-riez pas, sans vous fâ-cher, les rail-le-ries de ceux qui vien-draient in-sul-ter à vo-tre mal-heur.

XIX.

Tous les é-co-liers sont é-gaux dans la clas-se. Ceux qui ap-par-tien-nent à u-ne fa-mil-le dis-tin-guée par son rang ou ses ri-ches-ses, ne doi-vent donc pas se croi-re au des-sus des en-fans des pau-vres, ni cher-cher à les hu-mi-lier en leur re-pro-chant leur é-tat ou leur pau-vre-té.

XX.

On doit a-voir u-ne mau-vai-se o-pi-nion d'un en-fant qui n'a pas d'a-mis. S'il mon-trait de la dou-ceur dans le ca-rac-tè-re ; s'il sa-vait sup-por-ter les dé-fauts de ses ca-ma-ra-des, et leur ren-dre tous les ser-vi-ces qui sont en son pou-voir ; il trou-ve-rait fa-ci-le-ment des cœurs re-con-nais-sans qui s'at-ta-che-raient à lui.

XXI.

Si les en-fans sa-vaient com-bien il est beau d'a-vouer u-ne fau-te que l'on a com-mi-se, et d'en mé-ri-ter le par-don par son re-pen-tir ; on ne les ver-rait pas s'ex-po-ser com-me ils le font cha-que jour, à des châ-ti-mens plus sé-vè-res par l'obs-ti-na-tion qu'ils met-tent à nier ce qu'un a-veu sin-cè-re leur au-rait fait par-don-ner.

XXII.

En-fans, ac-cou-tu-mez-vous de bon-ne heu-re à fai-re l'au-mô-ne aux pau-vres. Vous a-vez peu de cho-se : tout ce que vous pos-sé-dez, vous le te-nez de vos pa-rens : vous n'en pou-vez même dis-po-ser sans leur con-sen-te-ment : mais ce con-sen-te-ment soy-ez bien cer-tains qu'il ne vous se-ra pas re-fu-sé ; et que vos pa-rens vous ver-ront a-vec joie vous pri-ver d'u-ne par-tie de la som-me des-ti-née à vos plai-sirs, pour se-cou-rir un mal-heu-reux.

XXIII.

La po-li-tes-se est la preu-ve cer-tai-ne d'u-ne bon-ne é-du-ca-tion.

Un enfant doit donc s'attacher à répondre poliment quelle que soit la personne qui l'interroge. Cette conduite lui conciliera l'affection de ses supérieurs, l'amitié de ses égaux, et le dévouement de ses inférieurs.

XXIV.

Rien n'est plus ridicule qu'un enfant qui se permet de parler quand on ne l'interroge pas. Son devoir est d'écouter ce qui se dit, de tâcher de profiter de ce qu'il entend et d'attendre dans un silence modeste qu'on lui adresse la parole.

PRIÈRES AVANT LA CLASSE.

LE MATIN.

Venez, Esprit-saint, remplissez les cœurs de vos fidèles ; et les embrasez du feu de votre amour.

Prions.

O Dieu, qui avez instruit les cœurs des fidèles par la lumière du Saint-Esprit ; donnez-nous par ce même Esprit la connaissance et l'amour de la justice, et faites qu'il nous remplisse toujours de ses divines consolations ; par notre Seigneur Jésus-Christ, qui étant Dieu règne avec vous dans l'unité du même Saint-Esprit, et dans tous les siècles des siècles. ℟. Ainsi soit-il.

ou.

Nous avons recours à votre protection, sainte mère de Dieu : ne rejetez pas les prières que nous vous adressons dans nos besoins ; mais obtenez-nous d'être délivrés de tous les dangers auxquels nous sommes sans cesse exposés, O Vierge comblée de gloire et de bénédiction.

PRIONS.

Dieu tout-puissant et éternel, qui par la coopération du Saint-Esprit avez préparé le corps et l'âme de la glorieuse Vierge Marie, pour en faire une demeure digne de votre Fils : faites que, célébrant avec joie sa mémoire, nous soyons délivrés par sa charitable intercession, des maux présens et de la mort éternelle ; nous vous en supplions par le même Jésus-Christ notre Seigneur.

℟. Ainsi soit-il.

LE SOIR.

Seigneur, sauvez le Roi : et daignez nous exaucer au jour que nous vous invoquerons.

Gloire au Père, au Fils et au Saint-Esprit ; aujourd'hui et toujours, comme dès le commencement et dans tous les siècles des siècles. Ainsi soit-il.

Prions.

Faites, Dieu tout puissant, que votre serviteur N. notre Roi, qui par votre miséricorde a reçu la conduite de ce royaume, reçoive aussi l'accroissement de toutes les vertus; ensorte que les regardant comme les vrais ornemens de sa dignité, il ait le vice en horreur, il soit victorieux de ses ennemis, et qu'il parvienne enfin par votre grâce jusqu'à vous, qui êtes la voie, la vérité et la vie; nous vous en supplions par Jésus-Christ notre Seigneur.

℟. Ainsi soit-il.

FIN.

Tout Exemplaire non revêtu de la signature de l'Editeur sera saisi comme contrefait.

TROYES, IMPRIMERIE D'ANNER-ANDRÉ.

www.ingramcontent.com/pod-product-compliance
Lightning Source LLC
Chambersburg PA
CBHW061018050426
42453CB00009B/1519